작은 들꽃의 행복

박천서 제4시집

채운재 시선 201

작은 들꽃의 행복

박천서 제4시집

도서출판 채운재

# 시인의 말

    일면식도 없는 타향살이도 여러 해가 바뀌다 보니 정도 들고 이제는 제2의 고향 봉화입니다. 살아간다는 것이 항상 부족하다 싶었지만 세월은 가고 계절은 바뀌고 그런 중에 작년에 우울증으로 정신병원을 찾았고 약의 도움을 받았습니다. 아파보니 무섭기도 하고 많이 외로웠습니다. 성격이 내성적이고 주변에 친구가 없는 이유도 그 원인중 하나라고 생각합니다. 다행이라면 주변 고마운 분들의 도움으로 길지 않은 기간 약을 먹었고 지금은 약의 도움 없이 지낸다는 것입니다.
    하나 둘 연락이 없는 친구도 생기고 한창 일할 나이에 병상에 있는 친구들 보면서 나라는 존재도 준비를 해야 하는 것이 아닌가 생각이 들더군요. 잘 살아오지는 못했으나 이제 와서 되돌릴 수도 없는 시간들인데 지난날의 아쉬움도 이제는 털어내야 하는 것이 아닌가 싶습니다.
    이제는 산골살이 친구도 사귀고 성숙해져가는 준비를 하려합니다.

4번째 시집을 준비하며 소풍 길 늙어가는 것이 아니라 익어가는 시간 속에 마음 가는 대로 무겁지 않고 쉽게 읽혀지고 그 속에서 빛나는 작은 별을 담으려 했습니다. 부족하기만 한 글인데 매번 응원에 힘 넣어 주시는 상주 김경식 형님 형수님 감사드립니다. 사랑합니다. 그리고 오랜 친구로 아침이면 안부를 묻는 이금환 목사님도 고맙습니다. 사랑합니다.
　그리고 묵묵히 응원하는 아내와 큰형수님 형제분들 사랑합니다. 든든한 양상구 발행인 형님께도 깊은 우정에 감사드립니다. 돌아보면 저는 외롭지만은 않은 것 같아요. 지난날은 다 묻어버리고 시인으로 거듭나며 살아가려 합니다.
　이 글을 읽어주신 모든 분들 사랑합니다. 행복하세요.
　감사드립니다.

박 천 서 올림

차례　　　시인의 말　　　　　　4

1부
꽃잎 떨어진 자리

꽃잎 떨어진 자리	12
비가 옵니다	13
시간	14
해지는 저녁이면	15
불면	16
행복	17
혼자 밥 먹기	18
걷기	19
맨발 걷기	20
복지관 점심	21
지팡이	22
잘난 놈	23
우울증	24
인생 버스	25
산골 집	26
색소폰 부는 날	27
건조장	28
당신	29
강물의 편지	30
겨울 바다	31
깊은 겨울	32
산수유꽃	33
모진 사랑	34

2부
우주가 보입니다

살아보니 알겠더라	36
꽃	37
계곡에서	38
중년	39
고독 사	40
외식	41
산골 나그네	42
아픔	43
상처 · 1	44
상처 · 2	45
상처 · 3	46
갱년기	47
방역	48
진돗개랑 운동하기	49
마음의 감기	50
우주가 보입니다	52
염불 소리	53
목탁 소리	54
가을 낙엽	55
생일날	56
경칩	57
겨울	58
벌써	59
한파 특보	60
이별	61

3부
산골 카페에서

서재에서	64
바다를 낚고 싶었어요	65
임도 가는 길	66
성폭력 예방 교육	68
산골 살이	69
소국	70
멋진 인연	71
참 좋다	72
재혼	74
용	75
멍때리기	76
산골 카페에서	77
뷔페	78
종착역	79
별	80
병	81
도시의 숲	82
수염	83
천사	84
자서전	86
가족	87
쌀벌레	88
까치밥	89
고드름	90
오랜 친구 - 오랜 친구 한성수	91

4부
국화꽃이 웃는다

작은 들꽃의 행복	94
낚시	95
그놈	96
늙은 주말부부	98
가슴앓이	99
아내는 잠꾸러기	100
오디 따기	101
오월 사과	102
혼술	104
장마	105
자장가	106
생선 말리기	107
버섯 산행	108
예쁜 꽃	109
혼밥	110
공룡 분화구	112
가을 산길	113
낙엽	114
12월	115
국화꽃이 웃는다	116
나무에서 기름까지	118
상처꽃	119
어머니	120
엄마	121
49재	122

5부
산골의 봄

냄비 받이	124
그때까지만 살자	125
가을	126
환갑	127
술시	128
섬 아이	129
묵은 가지	130
산골의 봄	131
대설	132
산수유 꽃	133
가지치기	134
여름 서울 나들이	135
시험 보는 날	136
집착	137
딸아이	138
미운 사랑	139
딸녀석	140
큰형수님	142
상주 형님 부부 김경식	143
아멘 할렐루야 이금환 목사	144
형님 양상구 시인	145
김순진 시인	146
장근수 시인	147
친구 김형근 시인	148
친구 최영준	149
친구 한창렬	150
후배 송영태	151

1부
꽃잎 떨어진 자리

꽃잎 떨어진 자리

아름다움도 시간 멈출 수 없고
떨어진 꽃잎은 찾는 이가 없다
상처는 열매 되어 익어가고

아픔만큼 과육은 달고
비바람의 시련은 과정이다

상처도 아픔도 살아있다는 것
오늘의 행복하면 살아갈 이유가 된다.

비가 옵니다

숲이 비에 젖습니다
화려했던 꽃들도 잠시 휴강 중
비에 젖은 바람이 귓불을 간질이고
젖은 새 한 마리 잠시 머물다 떠나고
그리움의 냄새가 안겨 옵니다

따스한 한잔의 커피가 생각나는 시간
빨랫줄에 매달려 방울방울 떨어지는
평온한 소리 마음에 담아봅니다
아침부터 비에 젖고 싶은 날
화려했던 날들은 비에 취해 갑니다.

시간

멈출 줄도
뒤돌아갈 줄도 모르는

가장 아름답고
젊을 때는 오늘

뒤돌아보지 말고
너무 앞서지도 말고

살아있는 지금
행복은 머문다.

해지는 저녁이면

반찬에 혼술로 취기가 오를 때쯤
술 냄새 풍기는 반가운 목소리
잘 있지 보고 싶고 생각난다며
사는 게 왜 이러냐는 푸념도
날 기쁘게 합니다

마음으로 전해지는 공감대가
살찐 영혼으로 다가오는 행복
하루해는 저물어 보이는 별들
가끔 안부를 묻는 벗이 있어 좋다
오늘도 익숙해져 가는 혼술의 맛

아직은 살아갈 이유가 있다.

불멍

넣어 주는 대로 잘 타는군요
돌아보니 칠순이 눈앞입니다
나이를 보이스피싱 당한 것은 아닌지
마음은 어제 같은데 노인이라네요
부정도 쌓다 보니 인정이 되는군요

뜨거운 불도 시간이 되면 재를 남기는
추억은 어제 같은데 돌아갈 수 없는
하나둘 친구들도 연락이 안 되고
세월 이기는 장사 없다더니
잡을 수 없는 세월 야속하기만 합니다

산다는 것이 연기 같은 나날들입니다.

행복

밥 세 끼 잘 먹고

잘 싸고

걷기 운동하고

저녁이면 안부를

묻는 친구가 있다는 것

혼자 밥 먹기

살아있으니 살아야 합니다
맛은 잊은 지 오래고
음식이 약이라는 말도 있고
때가 되면 울어대는 배꼽시계

국물에 반찬 두 가지면 족하죠
혼자 먹는 것이 뭔들 맛있겠어요
익숙해지지 않는 혼자 먹는 밥
그래서 TV는 꼭 틀지요

TV가 말을 걸어옵니다.

걷기

이제는 걸어야 한다는군요
열심으로 살아온 일상이었던 일인데
첫걸음마의 기억을 잊기 전에
다시 일상을 찾아야 합니다
돌아갈 준비를 해야 합니다

빛바랜 사진 속 어머니가 웃고 계시네요.

맨발 걷기

안방마님 첫 나들잇길
앞만 보고 달렸는데
신기하고 조심스럽다
차가운 감촉에 설레는 입맞춤
따끔한 아픔도 귀엽다
자주 외도 해야겠다

복지관 점심

혼자 먹는 밥이 싫어지면 복지관을 찾습니다
줄 서서 기다리고, 식판에 나오는 밥
한 수저 적다 싶은 아쉬움도 있으나
영양사가 계산해서 차려진 밥상이니
밥알 한 톨 안 남기고 먹습니다
며칠씩 밥통에 있던 밥하고 비교가 안 되지요

파릇한 남쪽 바다 소식도 느껴지고
늙어가고 익어가는 사람 냄새가 나지요
앞서가시는 분들 아픔 이야기도 듣고
가르쳐 주지 않아도 듣게 되는 사는 이야기도
밥을 먹으며 귀도 배가 부르지요
친구를 부르는 반가운 목소리도 밥입니다

혼자라는 것이 느껴질 때면 복지관을 찾습니다.

지팡이

지팡이가 두 다리를 데리고 간다
부지런히 옮겨 보지만 쪽 걸음
신발이 길을 읽으며 지구를 두드린다
지구 반대쪽 수신을 기다리며
뜨문뜨문 답이 없는 모스 부호
호통치던 젊음은 대답이 없고
평생 뛰어다녀도 부족했을 걸음인데
지팡이 따르는 한 걸음도 힘들다

* 모스부호는 점과 선의 조합을 사용하여 각 문자 숫자 및 특정 문장 부호를 나타냅니다

잘난 놈

나라가 반쪽이다
잘난 놈들 많으니 나 같은 중생이야
그저 삼시세끼 밥 잘 먹고
노래 나오는 TV나 보면서
반주 한 잔이면 하루가 가는데
요즘은 TV 틀기가 무섭다

목소리 큰 놈들 나와서 소리치니
그 말도 맞고 저 말도 맞고
세상이 가기는 가는 것 같은데
어디로 가는지 방향을 모르겠다.
일은 해야 하는데 일자리는 없고
요지경 세상, 시끄러워도 하루는 간다

차가운 겨울, 봄은 멀지 않았다.

우울증

가슴에 머리에 기분 나쁜 끈적임
뛰어다니며 바쁘게 지내면서
털어내야지 씻어내야지 하면서도
돌아서면 슬그머니 달라붙는
잘 먹고 잘 자고 잘 싸는 게 답인데
알면서도 약을 먹으며 이겨내야지
오늘도 다짐하는 하루가 시작입니다.

인생 버스

쉼 없이 달리는 것이 인생이다
휴게소도 들르고 막히기도 하고
차창 밖으로 지나는 것은 추억
노래와 춤추며 지내는 것도 한때
반갑고 익숙해진 얼굴도 오늘이다
문 꼭 닫아라, 세월 들어오지 않게
세상에 영원한 것은 없다

행복이라는 안주는 오늘이고
버스 문이 열리면 아쉬워도 안녕이다
길 위에 달빛이 빛났다.

산골 집

일 마치고 찾아든 산골 집
지친 걸음 강아지와 노을이 반긴다
늘 앞만 보고 달렸는데 돌아보니
외로움은 별이 되었고 바람이 분다

철새 무리 서둘러 집을 찾고
어둠 내리면 불러보는 노래
닿을 수 없는 소리가 밤을 부르고
가도 가도 그날인데 하루가 익어갑니다.

색소폰 부는 날

저녁 들녘에 울리는
소리 있는 아우성
잘 불러야 맛이더냐
생각 나름 마음먹기 나름
팔자 고칠 소리도 아니고
분다는 것은 '삑'소리도 예술이다

담고만 살아온 육십육 년 세월
지난 사연일랑 다 불어 버리자
밤은 깊고 졸린 바람 지나가고
돌아갈 수 없으니 불어나 본다
별들이 들어주는 못 부친 사연들
어둠 속 달님도 숲도 경청 중이다

'삑'소리에 놀란 부엉이 눈을 크게 뜬다.

건조장

폭염이라는 데 길을 잃었다

아무도 알지 못하는 곳에서
익숙한 것은 나비가 되었고
돌아갈 수 없는 시간은 어제 같은데
태양은 떠오르고 바람은 불고
살아봐야 안다는 말씀 새롭다

천 개의 별의 하나하나 빛이 된다

* 건조장은 시체를 건조시켜 치르는 장례이다.

당신

당신 생각에 잠 설치는 밤이
많아지는 요즘입니다
바람 뒤척임에도 행여나 하는
마음에 창 열어 밖 살피는
새로운 습관이 생기었지요
걱정과 근심이 교차하는 마음은
온종일 작동 중입니다
곁에 있으나 곁에 머물지 않는
식사하면서도 밥은 잘 먹는지
보고 싶어 구겨 넣듯 먹는 밥입니다
하루해가 또 재를 넘는군요
돈도 명예도 세월 앞에 무용지물
행복은 살아 있을 때 내 손에 있는 것
보고 살고 웃고 살고 손잡고 살자구요.

강물의 편지

강물은 얼었고 눈은 내린다
되돌아갈 수 없는 길
강을 건너 여기까지 왔다

날리는 눈처럼 늙어가고
흘러간 그 나날 속에서
때가 되면 사라지겠지

가는 길이 멀지 않은 것 같은데
숲도 나무도 묵언수행 중이다
돌아봐도 정답은 없다

내 사랑도 그렇게 익어간다

겨울 바다

낙엽만이 가득한 산골
떠나간 것은 말이 없고
차가운 해풍 반기는
겨울 바다가 보고 싶었다

넓은 바다가 되고 싶었는데
그리움도 단풍 되어 떨어지고
한 장 남은 달력이 쓸쓸하고
인고의 언덕, 허무만이 가득하다

풍경의 요란한 울음소리
저무는 것이 오늘만은 아닌데
익숙해지지 않는 시간은 길지 않았고
12월 겨울 바다가 보고 싶다.

깊은 겨울

들녘에 눈 내리고
바람 소리가 매섭다

눈발처럼 손사래치지만
이렇게 늙어가는 거라고
되돌릴 수 없는 것을 안다

내 사랑도 깊어가고
얼어가는 황혼의 날들

그래도 봄은 기다려진다

산수유꽃

활짝 웃는 꽃잎의 향기
차가운 바람에도 환한 미소
작지만 작지 않은 산수유꽃
변함없이 반기는 밝은 순정
햇살도 커피 향, 품은 순풍입니다

잔물결 이는 마음에 무시로 피어나는
털어내고 싶은, 긴 겨울의 잔재
하늘 아래 오늘이라는 꽃길이 아름답고
아련히 그려지는 옛 첫사랑의 편지
꽃을 찾는 마음은 항상 동심입니다

한 날인들 선물 아닌 것이 없습니다.

모진 사랑

빈 들녘 볏짚단이
눈보라를 맞으며
묵언수행 중이다

다 털어주고 빈 가죽으로
또 주기 위해 겨울 햇살에
몸을 데우는 모진 사랑

살아있으니 행복이다

2부

우주가 보입니다

살아보니 알겠더라

오늘이 얼마나 소중한지를
어머니가 하시던 모든 말씀
잘되라고 가르치신 말이라는 것을

매일 떠오르고 지는 해와 달이
어제의 해와 달이 아니라는 것을
바람 부는 소리가 다르다는 것을
흘러간 시간 돌릴 수 없다는 것을

수의에는 주머니가 없습니다
걸음걸음 소중하게 생각하며
오늘이라는 시간은 행복입니다.

꽃

꽃은 예쁘다
그러나
길어야 십여 일이다

당신도 예쁘다
함께하는 그날까지
늙어갈수록 더 예쁘기만 하다.

계곡에서

오는 것과 가는 것
소리는 다르지만
결국은 하나이다

시간은 물같이 흐르고
흘러간 것은 추억일 뿐
모든 것은 물이다

바위도 물길을 막지 못한다
보고 느끼고 움직일 수 있는
살아있는 지금이 최고이다.

중년

앞만 보고 살아온 날들
이제는 돌아보면 하나씩
정리하며 회상에 젖는
또 다른 나를 준비하는 시간

힘자랑하던 일들 어제 같은데
이제는 발 다리 저리고 약을 찾는
답답증이 앞서고 입맛도 없는
세월 앞에 장사 없다네요.

고독 사

남의 이야기가 아닙니다
앞만 보고 살았는데
요즘 일을 하다가도 멍해지고
자꾸 지난 일들이 생각나는군요

돌아갈 수도 없는데 후회가 앞서고
부질없는 집착이라고 생각하면서도
버리지 못한 고리가 마음을 잡습니다

몸이 피곤해야 정신이 맑아진다고 해서
힘든 일도 마다하지 않고 하려니
손마디가 너무 아프고 어제 같지 않군요

인생은 혼자 가는 길이라고는 하지만
해지는 저녁이면 울컥하는 기분
진리를 찾아서 오늘도 서성거리고 있습니다
아직도 혼자라는 것이 어색하기만 합니다.

외식

버스를 타고 나왔습니다
주변에 가까운 이웃도 합류했고
아귀찜이 서울만은 못하지만
모처럼 분위기도 좋고 술도 좋고
만들기 쉽지 않은 편한 자리
분위기에 약한 아내 술잔이 빈 잔입니다

각 일병이라는 명분을 넘어서고
사는 이야기에 밥안주도 좋았지요
마음은 예전인데 몸은 아닌가 봐요
돌아오는 아내가 힘들어합니다

세월이 분위기를 먹어버렸습니다.

산골 나그네

별들 하나씩 나오고
찾아오는 이도 없는데
해가 지니 가로등이 밝다

산새들도 집 들었는지
멀리서 뻐꾸기가 운다

주인 걸음에 강아지 반기고
개구리 합창 소리 구슬픈데
서늘한 찬바람 산골 나그넷길

아픔

세월 앞에 장사 없다고
지나고 나니 후회스럽다
후회도 가는 길이다

가는 길이 꽃길만 있겠는가
아픔도 살아가는 길이다

나보다 더 아프고 힘든 사람들
돌아보면 많고 많다
오늘이라는 행복에 최선 다하자

상처 · 1

한 번도 생각해 본 적 없는
이제 노년으로 가는 길목
가슴에 상처가 났어요
잠도 못 이루고 서성거리는
어리둥절 쩔쩔매는 긴 하루
너무 편하게만 지낸 지난날
아파보니 보이는 소중한 인연들
돌아보니 나보다 더 큰 상처
하나씩은 가슴에 담고 살더군요
혼자가 되기 위한 첫 발걸음
외로움도 길이고 삶입니다.

상처 · 2

편하게만 살아온 날들
이제 와 돌아본들 뭐 하겠나
아쉬워도 돌아갈 수 없는 날
살아있으니 행복이라는
이제라도 정신 차리라고
가슴에 상처를 안겨주시네
하루는 소중하고 시간은 흐른다.

상처 · 3

아파보니 보이더라
바람에 떨어지는
저 꽃잎의 아픔을

잠 못 드는 밤을 보내고 나니
잠이 얼마나 소중한가를

곁에 있어 소중한 그대
손잡을 수 있는 오늘의 행복
함께하는 지금 큰 축복입니다.

갱년기

소식 없이 슬그머니 찾아와서
불같이 물같이 가슴에 앉아
답답증에 식은땀 불안감에
잠도 못 자게 만드는 이방인
가슴에 파스 한 장 붙어있는 기분
뒷목도 무겁고 머리도 무겁다
이겨내야지 하면서 뛰어다니지만
쉬 떨어지지 않는 끈적임
주변 많은 분들 응원과 성원
꼭 이겨내고 찾아뵈야죠.

방역

갑자기 마을이 시끄럽다
구석구석 누비며 뭉실뭉실
정자에서 낮잠 자던 할배 놀라고
바쁘다는 차들도 잠시 쉬는 시간
하늘에 구름, 땅에도 구름
하굣길 아이들 뛰어와 반기고
무더운 여름 건강해야 한다며
골목을 달리는 구름 방구차
띠띠빵빵 길을 비켜라
아기 구름 엄마 구름 손잡고
인류의 행복을 위해 달린다

모기 해충은 모두 물러가라

진돗개랑 운동하기

'운동하러 가자'하고 나서면
덩실덩실 꼬리가 춤춘다
저수지 한 바퀴 도는 코스
애기똥풀에 코 박고는
덩치가 커서 당겨도 요지부동
뒷다리 들어서 영역 표시하고
앞에 새라도 보면 막 뛰어가고
준비 없이 덩달아 끌려가야 하는
물새들 놀라서 날아오르고
반환점을 돌면 시원한 산바람
산새들 소리 저수지 푸른 물결
혓바닥 길게 내고 가쁜 숨에도
걸음이 가벼운 행복한 길입니다.

마음의 감기

살아오면서 감기 한번 걸린 적 없는데
흰머리 가득하고 주름진 얼굴에
유유자적 살아온 지나온 세월들
산골 외딴집 가끔 찾는 사람마다
좋다 이렇게 사시니 좋으시겠어요

부러워도 하고 며칠 더 머물기도 하며
자연이 주는 먹거리에 산나물 가득하고
공기 좋고 산새들 머물고 별들 가득한
달님도 쉬어가는 깊은 산골 살이
황토방에서 장작불에 고기 구워 먹던
웃음소리 넘쳐나던 며칠 전 생각들

나이는 속일 수 없다고 하더니
세월 앞에 정사 없다는 말들
봄은 왔는데 봄은 어디 있는지
슬며시 찾아온 마음의 감기
보고픈 사람들 일순간 보이고
밥맛도 잃었고 술맛도 잃었다

집은 어제 그 집인데 마음은 찬바람
발만 동동거리며 안절부절
혼자 사는 것이 고행이라는 말
친구가 생각나고 이웃이 그리운
며칠이나 더 감기를 앓아야 하나요

우주가 보입니다

며칠 심하게 아팠어요
내 속에 통제할 수 없는 머리가
뜨겁게 때로는 차갑게
불이었다가 물이었다가
울어야 할지 숨어야 하는지
살아온 시간들이 한순간 지나치는
그러다 다시 돌아와 울부짖고
무섭기도 하고 두렵기도 한
밤이어도 잠을 이루지 못하는
붉은 태양은 언제나 그 자리에
달님도 때가 되면 찾아오는
산다는 것은 그런 것이더군요
아직도 아픔은 남아있지만
소중한 것이 가치를 알려주는
지난 것은 털어버려야 합니다
필요 없더군요 함께라는 이유로
오늘 살아있으니 행복입니다

아! 저기 우주가 보입니다.

염불 소리

주말, 산골에 아내가 왔다
개 고양이들도 고기 주는 사람 반기고
숲속 바람마저도 소란스럽다

덥수룩한 머리 자르고 염색
냉장고 정리에 반찬해놓고
묵은 먼지도 털고 잔소리 한 말

정리 마치고 TV 보다 잠든다
발끝 들고 살금살금
숲에 새소리도 쉬 쉬

힘겨운 도시 피곤이 보인다
일정하게 울리는 숨소리
산골에 잔잔한 염불 소리

목탁 소리

세월의 깊이가 느껴지는
거칠어진 손마디에 가벼운 몸
언제부턴가 앉으면 잔다
뒤척이다가 방귀를 뀌고
이불 덮어주고 보니 예쁘다
울림통 좋은 목탁 소리

가을 낙엽

장작 타는 밤
어둠은 깊어가고
별빛은 묵언수행 중
귀뚜라미 목쉰 울음 쓸쓸하다

바람의 흔들림에 갈팡질팡
숙연하게 옷깃을 여미고
한 시절 잘 살았는데
무리 지어 쌓이는 잎 무덤

찬바람 강 위를 걷고
눈송이 희끗거리는데
늦은 가을 우는소리에
가는 시간 야속하기만 하다

오늘은 혼술 먹기 좋은 날이다.

생일날

늙어가지만 잘 살아야 하고 아프지 말고

함께라는 이유로 일분일초가 소중한

몸보다 마음보다 내 속에 가득한 당신

일 년에 한 번 다시 다짐하는 시간

경칩

겨울을 담은 저수지가 푸르다
철새들 무리가 유영하고
찬바람 산허리를 돈다

계절은 변함없이 오고 가고
잔설 날리고 옷깃 여민다
개구리가 눈을 뜬다고 한다

살아서 웃고 걸으니 행복
물이 겨울 비늘을 벗는다
무덤 하나가 저수지를 내려다본다.

겨울

이제 먹고 싶은 것도 없다

밤은 깊은데 잠 설치는 밤
생각은 있는데 마음이 안 따라주고
부질없이 잠겨보는 회상
어제 같은 일도 먼 일이다

힘쓸 일에 이제는 뼈마디가 아프다
마음은 있으나 몸이 안 따라주고
소식 없는 친구가 생겨나고
깊은 밤 찬바람이 무서워진다

오늘은 가장 소중한 하루다.

벌써

어제 같았는데
1월 중순입니다
참 빠르다 하면서도
시간을 잡을 수는 없지요

돌아올 수 없는 오늘은
쉼 없이 흐르는데
떨어진 낙엽만 헤아리고 있네요

아침 안개 짙게 깔려
하나둘 알던 얼굴들 사라지는
어제 같지 않은 오늘들
찬바람에 풍경 소리 산을 넘습니다.

한파 특보

바람은 부지런히 숲을 달리고
오랜만에 만났는데 잊지는 않았는지
매서운 것이 고춧가루만은 아니라고
코끝을 얼리는 빨아간 사연들
때가 되면 받아보는 일 년이라는 성적표
아, 추워 입속으로 부르는 봄을 찾는 주문
한 해는 가고 다시 걸어보는 새 달력

이별

반복해도, 반복해도
익숙해지지 않는
기름 속에 물 같은
말할 수 없는 아쉬움

흰머리 가득할수록
가슴 덮는 싸한 아픔
만남 뒤 이별이라지만
오늘도 이별은 싫다

봄은 멀지 않은데
싸늘한 밤공기 너무 춥다.

3부
산골 카페에서

서재에서

바쁘다는 이유 아닌 이유로
오며 가며 책만 던져놓았는데
오랜만에 들어와 보니
날 기다린 것이야
내가 주인인 것이야

포근하게 안기는 숙성된 향기
책마다 깊은 사연이 보이고
손에 감겨오는 추억과 따스함
어제의 일들이 새롭다

창으로는 가을이 바라보이는
잡고 싶은 양 떼 구름
나만의 숲속 작은 도서관
책들이 날 부르고 반긴다

날 기다리는 안식처가 있다.

바다를 낚고 싶었어요

오다 보니 산골이군요
갯벌을 발아래 두고 살고자 했는데
깊은 산골에 들었습니다
주꾸미도 낚지도 맛은 못 보지만
산골에 나물은 지천입니다
산삼도 철마다 먹고
나물은 포기하고 살아요 너무 많아서
버섯 철이면 많은 분들 부러워하지만
바다 소리는 듣기 힘드네요
산골별은 더욱 빛나는 응원가입니다
사는 게 별거 있는가요
그래도 행복하려 합니다
바다는 가슴에 가득이지만
세월 지나니 파도 소리에 눈물도 되고
아픔도 되고 절규도 되는군요
산골 살이 십칠 년 혼자 지내다 보니
산골에서도 바다 소리가 들리네요.

임도 가는 길

다람쥐가 반기고 숲이 안기는
새들의 노랫소리도 시끄럽다
산에 들어서니 문명도 불통
숲의 길, 먼지 날리며 돌아가는 산길
찾는 이도 부르는 이도 없다
비포장길 따라 구름에 보폭 맞추고
쉬어가며 눈과 귀가 즐거운 시간
자연과 하나 되는 물결 같은 순간들
바람 소리에 길 찾아 걸으며
산짐승 놀랄까 천천히 숲에 물든다

뿔이 예쁜 꽃사슴 몇 마리
산언덕에서 바라보며 몸을 감추고
소리 지르며 달아나는 고라니
나도 놀라고 너도 놀라고
새들은 별일 아니라며 웃는다
계곡물 소리에 꽃향기
진동하는 약초 냄새 더덕 향기

도라지꽃에 발길 머물다 가고
숲속에서 발견되는 작은 꽃
이름 모를 야생화의 예쁜 모습

놀란 어린 산토끼 어미를 찾고
산새들 소리 요란한데
약수 한 사발 목을 축이고
손에 잡힐 듯 하늘은 흰 구름
노송은 말없이 먼 산을 본다
하늘은 맑고 공기에 가슴을 열고
자연의 품에서 하나 되는 시간
나물 한 줌 따서 도시락 먹고
사는 게 별것 있는가 한 끼가 삶
오수에 빠져드니 내가 신선이다.

성폭력 예방 교육

군청 전산실에서 교육을 받았다.
흰머리에 컴퓨터를 처음 접하는 촌부들이
나눠주는 두유 마시고 사탕 먹고 하품하며 졸고
뭔 소리 하는가 하는 표정으로 기웃거리는데
직원만 분주히 오가며 성폭력을 돌린다

일을 하려니 교육은 받아야 하는데
이미 멀리 지난 것들, 돌아갈 수 없는
화려했던 추억은 기억도 가물가물
할배들 농 한마디에 할멈들 장단을 맞추고
전산실 경로당에 구수한 음담에 웃음소리

쉬. 어르신 성폭력 예방 교육 중입니다.

산골 살이

산속에 사는 것은 마음 비우는 일
보고 싶다고 먹고 싶다고
전화해도 배달도 안 되는
소리쳐도 바라보는 이도 없는
고독과 외로움을 벗 삼아
서성거리며 나무와 대화하는
산이 주는 만큼만 먹고
하늘 바라보며 바람과 교감하는
숨소리도 자연과 하나 되어가고
별 헤아리며 혼술에 취해 가며
몇 줄기 초근과 조각구름
산짐승과 나누며 사는 일이다

소국

꽃잎 사이 향기가 짙고
차가운 바람에도 환한 미소
반짝이며 작지만 작지 않은
변함없이 반기는 밝은 만추

환한 아름다움도 때가 되면
말없이 떠나고 갈 길 가야 하는
바람은 싱싱 불며 겨울을 부르고
익은 사랑은 변함없이 숙연하다

오늘이라는 작은 것이 아름답다

멋진 인연

사랑을 하늘에 땅에 맹세하고 살았지요
눈 마주치며 시간만큼 소중한 행복
고왔던 얼굴에 잔주름 나날이 아픈 뼈마디
가끔 어긋난 대화도 지나면 물거품
살아있으니 곁에 있으니 소중한 길
별거 없더라, 살 비비니 답이다
하루가 소중하고 오늘이 아쉬운 날들
한 점 꽃피우기 위해 손 꼭 잡는다.

참 좋다

창을 열면 새들이 반기고
맑은 산 공기가 품에 달려드는
사방이 산으로 쌓여 있어
하늘과 바람만이 찾아드는 산골
개 짖는 소리에 놀란 고라니
눈치 살피며 길을 찾아 나선다

사철 들꽃 만발하고
밤이면 수많은 별 무리에
동심으로 찾아가는 곳
보이는 것은 약초
잡히는 것은 무농약 먹거리
먹는 것마다 보약이다

바람 뒤척이는 소리 벗 삼아
장작불에 세월을 굽고
탁주 한 사발에 근심 털고
구들방에 지친 육신 삭히며
웃음소리 나뭇결에 묻는다
초라해도 산속 내 집이 참 좋다.

재혼

상처도 아물면 꽃이다
잘났던 못났던 지난날은 잊자
혼자는 외로워 둘이 되었으니
아픔만큼 소중한 마음으로
살아온 날보다 살아갈 날 적으니
손잡고 오늘이 마지막 날 같이 살자

골 깊은 물이 맑다

용

풍기 온천탕에 용이 들었다
용이 되려다 만 이무기 같기도
빈약한 팔뚝에는 새 한 마리
자세히 살피니 독수리 같다

고생했는가 보다
날개를 가졌으나 날지 못하고
세월 앞에 장사 없다고
용도 독수리도 온천을 찾는구나

육십을 지나니 알겠더라
인생사 소중한 것은 오늘
알몸으로 왔다가 알몸으로 가는
용도 지나고 보니 바람이더라.

멍때리기

산골 차가운 바람에
요란한 풍경 소리
긴 겨울은 깊어가고
책에 빠져 지내다
작은 새들과 나누는 밀담
눈 덮인 숲에 짐승들 발자국
매서운 추위에 찾는 이도 없고
햇살 한 줌 가슴에 담으며
따사로운 온기가 그리운
살아있는 한 지나갈 길
그래도 소중한 오늘입니다.

산골 카페에서

화려하지만 겸손한 조명
별도 달님도 쉬어가는
삼거리 길목에 구성진 옛 노래
모과는 썩어가며 향을 발하고
느려진 가락 세월도 쉬어가네

밖은 찬바람에 눈보라
산골은 익어가며 깊어 가는데
함께라는 열기에 사랑도 행복도
구성진 이야기꽃에
시간은 가고 사랑은 익는다

사나운 바람에 별님들
창 흔들며 동행을 바라지만
식은 카페라떼에 취하는 시간
밤은 깊어 음악 소리 높아가고
송년의 밤은 깊어만 갑니다.

뷔페

사는 게 뭐냐고 살아있으니 소중한 것
죽어지면 다 부질없는 아쉬움이라며
한번 먹어는 보자는 친구의 말
열 달을 모아서 호사를 부려보자는
그래 그 말도 옳고 좋은 생각이다

이름도 모르는 산해진미 다 모아놓고
한 끼에 이십만 원 작지는 않은 숫자
입이 즐거워도 그래봐야 다 똥 되는 것인데
국밥에 소주로 단련된 똥배가 놀라면
약은 어디서 찾아야 하는지 있기는 한 것인지

종착역

산골 외딴집에 국화꽃이 피었습니다
강아지와 같이 숲을 거닐며 알밤을 줍고
산새 머물다 떠난 자리 바람이 차갑습니다
벚나무 단풍이 곱기만 한데
홀로 바라보는 아쉬움이 그리움으로
세월은 흐르고 강물은 흘러갑니다

하늘은 높고 귀뚜라미 울음소리
이름 모르는 들꽃들이 예쁘기만 합니다
산속 맴도는 걸음이지만 시간은 흐르고
가진 것은 없지만 이제는 편안한 여유로
늙어가고 싶네요. 익어가고 싶네요
천천히 들어서는 인생에 종착역으로

별

보고 싶다는 마음 변한 것은 아닌데
혈관 가득 차오르는 설렘은
흰머리에 저승꽃 달고서도
가슴 뜨거운 외침이었지

헤아리며 새끼손가락 걸던 언약
꿈길 되어 잡힐 듯 말 듯
놀이터에서 아이들은 소리치며 놀고
변한 것은 아무것도 없는데

소리 없는 환호성 반짝이는 웃음
서늘한 새벽 한기 가슴 파고든다.

병

지나온 날들은 장편소설
아프지 않은 것도 복이다
아끼고 느끼며 상하지 않게
우리의 담장에 들꽃 향기 만들며 살자

별도 달도 쉼 없이 흐르고
바람도 뒤척이는 소중한 시간
계절은 빠르게 가고 오는 것
흐르는 것은 너와 나의 재산이다

살아있는 기쁨 따듯함
처음의 설레이는 소중함으로
당신을 생각하노라면
삶, 전체가 사랑 병이다.

도시의 숲

강남역 사거리 9번 출구 앞
마스크를 쓴 바람이 분다.

이름 모르는 새들 재잘거림
자작나무를 돌고 나온 바람도
쉬어가는 만남의 장소

때가 되면 들꽃도 피고 지고
찬바람 불면 낙엽도 떨어지는
산다는 것은 마음먹기 나름

바람은 쉼 없이 불고 흐른다.
도시가 숲이다

수염

새벽 열리면

행여 누가 볼세라

베어내야 하는

까칠한 내 사랑

천사

이른 저녁을 마친 아내가
TV 본다며 누웠습니다

익숙한 유행가 흐르고
어설픈 반주 소리에
아내가 코를 고는군요

꽃같이 예쁘고 귀엽고
항상 배려와 이해가 앞서던
곱던 얼굴에 보이는 세월의 흔적

가슴이 덜컹 그리고 긴 암흑
이제라도 후회할 일 만들지 말자
내가 나쁜 놈이구나

세상이 뭐라 해도 인연인데
우리는 잘 살아야 하고
후회할 일은 만들지 말자

더도 말고 우리 오늘만 보고
죽는 날까지 웃고 손잡고 살자

자서전

아파서도 안 되고
외로워도 말하지 말며
슬퍼도 홀로 삭히며
혼자 먹는 밥에 익숙하며
가진 것도 없지만 나서지 말고
효자손 곁에 두고 살림 줄여가며
떠나는 날 조문객 없어도
잘 살았다 웃으며 흙이 되리라

가족

화려하지도 않고
잘난 것도 없는
돌아보면 아쉬운

원망도 부질없는
익숙해지지 않는 저녁
저무는 해가 매번 낯설다

해가 몸을 감추려 하니
나물 캐는 아낙 집을 찾고
굴뚝에 가족 부르는 연기

저녁 산바람은 차고
아
마른 눈물이 흐른다.

쌀벌레

장마가 길었던 이유다
유난히 희고 윤기가 흐르기에
살피지도 않고 품었는데
부족함을 원망하는지
못다 한 사연이 있었나 보다

밥은 잘 챙겨 먹어야 한다던 말씀
국수와 수제비로 여름을 나던
쌀 알 구경하기 어렵던 시절
빈 독 바라보며 한숨 짓던 어머니
곁에 안 계시니 더 그립습니다

햇빛에 널어놓으니 스멀스멀
작은 걸음으로 기어 나온다
어려워도 슬퍼도 한 걸음이라고
그렇게 살아가는 거라는 가르침
바람은 불고 하늘이 예쁘다.

까치밥

미우나 고우나
한 해 수고했고
그래도 살아 있으니
혼자는 외로워
함께 사는 거라고
저 하늘에 걸어 놓은
붉은 편지 한 통

고드름

뒤척이며 밤새 써 내려간 그리움
잠 못 이른 사연들 바람에 띄우고
살아있으니 더욱 소중한 당신
거칠어진 손마디 앙상한 모습
하나는 너무 슬퍼 둘이어야 하는
꼭 지켜주고 싶은 영혼의 눈물

오랜 친구

- 오랜 친구 한성수

이십 년 친구를 만났다
반가워서 손을 잡고 안았다
세월이 한순간에 뜀뛰기를
하며 타임머신을 탄다

지난 일들이 기억 속에서
물처럼 바람처럼 지났고
반가웠고 감회가 새롭다
변한 것은 세월뿐

검버섯도 생기고 손에 굳은 살도
묵은 된장 냄새가 난다
밤을 잊고 과거로 떠났다
살아있으니 행복이구나

우리는 친구다 건강하게 살자.

4부
국화꽃이 웃는다

작은 들꽃의 행복

작다고 무시하지 마라
그냥 지나칠 수도 있지만
살펴보면 예쁜 꽃이다

바람도 못 본 듯 지나치고
밟히고 쓰러지고 넘어져도
꽃으로 태어나 열심히 살았다

예쁜 것에 가려 보이지 않지만
힘든 누군가에 웃음을 준다면
살아볼 만한 오늘이다.

낚시

아내와 바다를 찾았다
파도는 변함없이 넘실대고
햇살은 눈부시다
갯지렁이 바늘에 매달고
넘실대는 바다를 낚는데
아내에게는 우럭도 노래미도
살찐 보리 밀도 인사를 하는데
차별하는지 소식이 없다
함께하는 이유로 즐거운 시간
잡는 것보다도 곁에 있어
나누는 소중한 아름다움
행복은 내 손에 있는 오늘
은은한 바닷바람 외롭지 않게
언제나 곁에서 어깨 만져주는
내가 낚은 것은 아내이다.

그놈

돌아보면 별거 아닌데
더도 말고 덜도 말고
딱 그만큼만 필요한데
항상 그놈이 문제야

사는 게 별거 있는가
바둥거려도 갈 때는 빈손
알면서도 벗어나질 못하는
항상 그놈이 문제야

부질없는 욕심과 집착
살아생전 지금의 최고의 날
돌아갈 수 없는 오늘인데
항상 그놈이 문제야

당해봐야 소중함을 아니
울고불고하지 말고
행복은 손안에 있는데
항상 그놈이 문제야

웃어도 하루, 울어도 하루
시간 앞에 모든 것은 무효
바람같이 흐르는 인생길
항상 그놈이 문제야

늙은 주말부부

살면 얼마나 산다고
갈 때는 빈손인 것을
힘 있고 아쉬울 때가 좋은 것
늙어 병들고 아플 때보다는
함께라는 체온으로 나누는 정
등 긁어주며 살아온 깊은 인연
부족해도 아쉬워도 소중한 것
없으면 없는 대로 부족도 사랑으로
살아온 날보다 살아갈 날 적은데
이제는 손 꼭 잡고 살아가고 싶다.

가슴앓이

꽃잎 떨어지고 햇살은 좋아요
강태공들 낚싯대를 띄우고
두루미 한 마리 강가를 거닐고
반짝거리는 은빛 물결
강바람에 서성거리는 오후

산야는 꽃 잔치로 푸르고
새들 노랫소리 들리네요
개구리 목청 높여 소리 지르고
시간은 쉼 없이 달리는데
바람이 물수제비를 뜹니다.

아내는 잠꾸러기

TV를 보던 아내가 잠을 자네요
소리를 줄이고 숨소리를 줄입니다
홑이불을 덮어주고 발걸음도 살금살금
코 고는 소리가 피곤한가 봅니다
예쁘고 곱던 얼굴 흰머리에 잔주름
안쓰럽고 고생했구나 싶어요
돌아보자니 눈가에 이슬
살며시 손잡으며 입맞춤합니다.

오디 따기

올봄 냉해 입은 뽕나무
찢어지고 앙상한 가지들 사이로
단내가 나는지 새들 분주하고
바람 흔드는 데로 순응하며
떨어지기도 하는 검정 사탕
자연 앞에 순응하는 뽕나무

잘 익고 튼실한 녀석으로
골라 담고 따기도 하다 보니
소쿠리에 한가득이다
주말이면 맛있다는 소리에
예쁜 입 생각하니 안 먹어도
입안에서 단 향기가 난다.

오월 사과

사과꽃이 피었습니다.

매끈하던 탄력도
달콤했던 향기도
입맛 다시던 젊음도
저항할 수 없는 시간 앞에
이제는 잊고 포기해야 하는
쭈글쭈글한 무늬만 남아
저장고를 나오지만
반기는 이 없는 타향

긴 고행 그 끝
쭈끌한 포피를 걷어내면
하얀 속살 가득
농축된 향기와 달콤한 사연들
참선에 든 가르침
줄줄이 토해내며
못다 한 가을 이야기
입안 가득 머물게 한다

쭈글한 모습에
깊은 진리의 말씀 있더라.

혼술

한 잔 또 한 잔
바람은 불고 산새들 울음소리
아직은 살아 있는가 보다
TV보면 맛난 먹거리들 많은데
유효기간 임박한 안주 마주하며
소주 목을 조른다

햇살이 자리를 뜨는 시간
강가 서성거리는 어둠
이렇게 살아있는 오늘
찾는 이도 없고 기억도 지워져가는
마음은 뜨거운데 몸은 하루가 다른
이제라도 하나씩 사랑 술 담아야겠다.

장마

집중호우 주의보 발령
비바람에 다 자란 농작물이
쓰러지고 부러지고
여러 날 밤낮없이 계속되는
바람에 천둥 치며 거세다가도
살포시 내리는 여유
침수 피해 소식 전하는 뉴스
그 끝을 알 수 없는 물방울
개구리는 요란하게 울고
숲은 머리 숙여 비를 맞는다
집에 갇혀 창밖 바라보며
헤아려보는 빗소리
무섭게 내려가는 개울물
시간도 흐르고 물도 흐르고
그렇게 세월은 간다.

자장가

함께한 인고의 세월 앞에
거칠어진 손 주름진 모습
자는 모습도 예쁘기만 한
새싹들의 소풍 길이었는데
오늘은 힘겨운지 코 고는 소리
팝콘이 터진다

미움도 사랑으로 쌓아가고
아픈 손목 주물러가며
나날의 소중함을 알아가는
영지버섯을 닮아가고
상황버섯을 닮아가는
곁에 없으면 잠을 설치는
내 속에 또 다른 나

생선 말리기

파도를 가르며
망망대해를 횡단하던
은빛 몸부림이
낚시줄에 걸렸다

가는 길은 순서가 없다고
아직은 살아있으니
괴로움도 길이다
속을 비워내니 살이 곱다

바다가 바람과 노닌다.

버섯 산행

가슴을 열고
마음을 열고
숲 소리에 귀를 열고
바람 흐름을 살피고
나무의 속살 냄새 맡으며
발걸음 소리 죽이며
숲과 하나 되는 것이다.

예쁜 꽃

며칠 만에 아내가 옵니다
버스를 기다리는 시간 즐겁기만 합니다

톱니바퀴 돌아가는 날들
그 한 축이 되어서 앞 만보고 뛰어다녔는데
가진 것도 없고 쌓아 놓은 것도 없는
돌아보면 어제 같은데 벌써 반세기
세상은 넓고 지구는 돌고
코스모스도 바람에 몸을 맡기고
가을은 익어 갑니다

늙어가기보다는 익어가는 것이라고
거칠고 처진 몸, 그 속에 사랑
하나씩 버리고 나니 곁에 있는 소중한 것
손잡고 같이 다니는 따스한 온기

버스가 정차하고 예쁜 꽃 달려옵니다.

혼밥

건전지가 떨어져 가고 있어
그 시간이면 정확히 울리는 알람
맛은 오래전에 잃었지
백만 번 달려도 좋다는 광고도 있던데
지구 반대쪽 한 끼에 울고 웃는

사는 게 뭐라고
나온 배를 채우기는 해야 하는데
냉장고를 열고 "뭘 먹지" 주문을 걸어봅니다
부화되지 않은 알들이 모래성을 쌓고 있고
수다를 떨다가 놀란 귀들이 쫑긋 웃는다
망설이다 나오는 야윈 섬들

강아지 소리에 누가 오나
젖은 눈빛은 창을 살피고
숲에 퍼지는 갓 구운 단팥빵 냄새
온몸으로 쓰는 바람의 음악 소리에
새들 무리 지어 날아갑니다

밥 심이라며 아침은 꼭 먹어야 한다는
어머니는 누워서 죽으로 식사를 하시고
한 올 한 올 다섯 손가락 묵언 수행
꽃을 달고 하늘의 별 헤아리며
조금씩 물고기를 닮아 가고 있습니다.

공룡 분화구

언제부터인가 발톱에서 공룡 소리가 나기 시작했다
지난밤에도 창문을 두드리고 처마에 달아놓은 풍경을 흔들고
소란스러웠는데도 네 마리나 되는 강아지들은 짖지도 않았다
새로 들여놓은 흙 침대는 그냥 자라고 주문을 걸고
건강은 건강할 때 챙겨야 한다기에 아침 고봉밥을 먹고
비타민에 홍삼 영양제까지 꾸역꾸역 밀어 넣고 밖을 살핀다
소란스럽던 어둠은 사라지고 숲의 평화가 반긴다
어제까지 이상 기온이라며 뜨겁던 여름은 귀뚜라미
소리가 들리자 사라지고 한 계절이 지나간 자리
코스모스가 춤을 추기 시작한다
꽃은 지는 것이 아니라 내일을 위하여 숨는 것
계절이 많이 바뀌면 발톱에서 공룡소리가 난다.

가을 산길

새들의 소리 들으며
가벼운 걸음으로
바람 부는 데로
숲을 헤쳐 나간다

숲에도 보이지 않는
상처가 있는지 쓰러지고 부러져
썩어가는 나무들

쓰러진 나무는 말이 없고
가지 부러지는 소리
무리 지어 썩어가는 낙엽
진동하는 숲의 냄새

상처 없는 사랑 어디 있으랴
가는 그날까지 아낌없이 쓰고
후회는 안 하도록 의연하게 걷자

황홀한 상처가 아프다.

낙엽

내려다보기만 한 세상
내려와 보니 알겠다

때가 되면
가야 한다는 것을

12월

바람 심하게 부니
풍경이 하늘을 난다
빈 들녘에 앙상한 가지
구름도 떠나고

내 몸에 살도 뼈도
내 것이 아니기에
미련 같지 말자
다 헛것이다.

국화꽃이 웃는다

집 마당에 국화꽃이 웃는다
구절초도 활짝 웃고요

해마다 피는 꽃이지만
볼 때마다 예쁘죠

찬바람에 옷깃 여미니
왠지 슬퍼지네요

열심 살았는데
가진 것은 없네요

마음은 어제인데
육신은 늙어가고요

낙엽 떨어지니
가을도 깊어 가겠죠

다람쥐 부지런히
도토리 물고 갑니다

강 여울에 붉은 노을
굴뚝에 저녁연기

저수지에 있던 새들
무리 지어 집으로 날고요

떠가는 구름 보며
하루도 저물어 갑니다

아직은 살아있으니
오늘도 행복합니다.

나무에서 기름까지

도끼를 들고 마님 외치며 지냈지
힘 좋다는 소리를 들으며
수십 년 살아온 나무도 무섭지 않았고
높게 쌓여있는 장작을 보면서
추운 산골 동치미 물 국수 먹고
매서운 강바람도 자연의 소리라며
귀를 열고 마음으로 살았죠

살아보니 산골도 좋은 곳이고
마음을 심으니 살만한 곳이죠
장작 열기 머무는 외딴 집
외로움도 밤낮으로 품으니 정들고
풍경소리 요란하게 울어대는
긴 겨울로 들어서는 길목
장작 열기도 추억 길에 듭니다.

상처꽃

허리가 부러진 산수유가
이웃 꽃보다 화려하게
노란 꽃을 가득 피었다

지독한 고통 참으며
처절하고 숭고한 결실
상처가 꽃이 되었다

요양원에 어머니
거동 못하는 몸으로
자식 걱정에 얼굴이 노랗다.

어머니

계실 때는 몰랐습니다
밥 먹고 다니라는 말씀
한 번 더 찾아보고
한 번 더 전화할 것을
산다는 게 별것 없다는 말씀
남이 말인 듯 귀로만 들었지
자식 걱정에 잠 못 이루시던
그 마음을 눈으로만 보았지
살 발라주시고 생선 머리가
맛있다며 부뚜막에서 찬밥
물 말아 혼자 드시던 모습
그 깊이를 헤아리지 못한 자식
떠나시고 나니 생각이 나네요

안 계시니 보고 싶은 마음에
눈물로 그려보는 어머님 얼굴
자식은 영원히 못난 놈입니다.

엄마

손수 만드신 베옷 입고
부처님 염불소리 들으시는지
잔잔한 미소로 길 나서신다

떠나신 뒤 모습에 밤잠도 잊고
곱기만 하던 얼굴
눈물샘은 마르지 않고
가신 걸음 생각에 아픈 탄식
입안에서는 쓰디쓴 탄내
못난 자식 오늘도 잠을 잊고
이제는 달이 되어 버린 엄마

불러보는 소중한 이름이여
절규하며 그려보는 어머님 모습
불러도 대답 없는 그리움입니다.

49재

유난히 추웠는데
봄비가 내리니
꽃이 피었다

예쁜 꽃이다
또
눈물이 난다.

냄비 받이

아내가 끓는 냄비를 들고 오며
냄비 받이를 찾는다
급한 마음에 보고 있던 시집을 놓았다
책은 안 된다며 재촉하지만
시집으로 태어나 급할 때
요긴하게 쓰여진다면
숯검정이 묻어도 해 볼만 한일
살아오며 필요한 자리 몇 번이나 뜨거웠는지

숯검정 묻은 얼굴이 아름답다.

그때까지만 살자

미련은 접어두고
아쉬움도 잊어버리고
오늘이 최고라 생각하며
그렇게 웃으며 살자
그래 더도 말고 덜도 말고
그때까지만 살자

돌아보면 답답한 가슴
미련 남는다고 가슴 태우지 말고
시간은 쉼 없이 바람같이 도는 것
돌아봐도 돌아오지 않는 것
잊으며, 버리며 빈 가슴으로
행복은 내 것이니 웃으며
오늘의 소풍 즐기며 살자

가을

국화꽃이 피었습니다.
내일부터 추워진다는 예보인데도
맛집이라는 소문을 들은 벌들이
줄은 줄어들지 않는군요.
지나던 나비도 문전을 들여다보고
하품하던 고양이 눈치를 살핍니다

갈대 한 무리 바람과 어울려 몸 장난치고
향기마저도 담백하고 구수한 여유
사심에 잠겨 강물 바라보는 깊은 가을
기어코 비뜰비뜰 나이는 먹고
겨울로 들어서는 차가운 길목
바람은 한 무리 낙엽을 갈무리합니다

환갑

한때 부푼 꿈으로 단잠 설치며
세상에 이름 석 자 떨치려 했다

첫걸음에 설레이던 순간들
선택되어 달려가던 행복
소임을 다 하고 물러날 때
돌아봐도 부질없는 한순간

오늘도 쉼 없이 흐르고
구겨지고 찌그러진 모양이지만
후회 없는 나날이었는지
돌아보면 잡힐 것 같은 순간
아름다움은 만들어 가는 것

재활용되지 않는 시간 앞에
겸손해지고 열심 살아야지요
나이는 숫자에 불가하다고 합니다.

술시

꽃들 만개하고
새소리 요란한데
숲은 말이 없고
산해진미 안주가 무엇이더냐

손에 잡히는 나물 한 줌
하늘 한 점 찍어 먹고
숲을 벗 삼아 주거니 받거니
혼자 마시는 맛도 좋다

사는 게 무엇이라고
해 저무는 지금
함께하는 인연이라면
그보다 소중함은 없으리라

섬 아이

갈매기 울어 울어
파도치는 섬마을
등대불은 깜박깜박
바닷바람에 창문은 덜컹
조개들의 합창 소리로
하루해는 서산에 물들고
파도에 묻은 수많은 밤
유람선은 바다를 가르고
밤하늘 별은 오늘도 빛나는데
기약 없이 기다리는 육지 소식

묵은 가지

경로당을 나온 할머니가
차가워진 봄바람에 옷깃을 여민다
지팡이가 길을 잡고
휘청거리며 두 다리는 따른다
굽이굽이 돌아가는 산모퉁이
굴뚝 연기가 할머니 걸음을 흉내 내고
나물 캐는 아낙 바구니에 봄이 넘친다
잠시 쉬어가는 할머니 손에
묵은 가지 몇 개가 하루를 쓸며 동행한다

오늘따라 지는 해가 붉다.

산골의 봄

고라니 꿩들의 소리에
잔설은 길을 떠난다

냉이 아줌마 단잠을 털고
분바르며 꽃단장하는 달래 아가씨
된장 냄새 풍기는 쑥 아재 큰기침
조잘거리며 수다 떠는 박새 가족
취기가 덜 가신 씀바퀴 총각들
뭔 일인가 뛰어나온 노란 민들레
물가에 서성거리는 구릿대 나물
부지런한 광대나물
출타 준비 중인 부지깽이 나물
노란 수건 달고 입학 날 기다리는
예쁜 향기 날리는 생강 꽃나무

시샘하는 꽃샘추위에
아궁이 연기가 연을 띄운다.

대설

기다리다 지친 하늘은 우중충하고
차가운 바람에 옷깃을 여민다

산골 굴뚝에 저녁연기 꽃
갈대 숲 사이 참새 떼들 분주히 날고
놀란 강아지가 짖는다

빈 들녘에 볏 짚단이 졸고
어디선가 구슬픈 노랫소리에
커피 한잔 나누고 싶은 허기로
눈시울 적시는데 몇 칠 남지 않은
한 해가 바람에 펄럭거린다

지나간 시간들 되새김하며
시린 손부여 잡고 젖어오는 눈
저 멀리 달님 불을 밝힌다.

산수유 꽃

유독 추웠던 겨울
살을 파고드는 지독한 찬바람
밤이면 저수지가 얼어가는
매서운 울음소리에 숨죽이며
방바닥 열기 찾아서 겨울밤을
손꼽아 기다리던 긴 기다림

힘겨운 나날이지만
처음 같은 마음
세월 앞에도 변할 수 없다며
식지 않은 사랑의 증표
찬바람 맞으며 언 손으로
걸어 놓은 노란 손수건

가지치기

쓸데없는 부분을 잘라야
좋은 과일 얻는다는데

톱과 전지가위를 들고
이리저리 살피지만

큰 키 낮추었고
겹치는 가지를 잘랐을 뿐

산속에 갇혀 사는
볼품없는 나를 본다

덜먹고 못난 놈이라도
그래 그냥 살자

작은 것에 기뻐하며
이곳에 있으니 행복 아니겠는가.

여름 서울 나들이

색색이 수많은 사람들 사는 곳
차도 많고 높은 건물은 목이 아프다
아파트 숲에 길 잃기 쉽고
알 수 없는 외국어도 쉽게 귀전을 맴돈다
예전 잘 알던 길도 변하는 세상
밀리고 엉키고 말도 많은 도심지
행여 길 잃을까 각시 꽁무니 따르는데
서울 사람들은 하나같이 선풍기를
들고 다니고 더러는 목에 걸고도 다니니
뭘 먹기에 기운들이 좋은지
겨울에는 난로들 들고 다닐 것이다
촌사람은 나물만 먹는데
오늘은 도시 괴기라도 먹어야겠다.

시험 보는 날

나이에 상관없이 언제 봐도
긴장하게 하고 실수를 한다
평소 잘해오던 일인데
손도 떨리고 화장실 찾게 되는
다녀와도 시원하지 않은
침 넘어가는 소리 들리고
괜스레 옆 사람 눈치 살피며
볼펜 목 조르고 머리가 무겁다

멀쩡한 사람도 당황스럽게 한다.

집착

버려야 한다고 합니다.
나이를 먹으며 쌓이는 것들
말처럼 쉽다면 칼같이 자르겠지요
아픔도 외로움도 잊혀지겠지요

자르지 못하고 버리지 못하고
저녁이면 가슴을 쓸어봅니다
산다는 게 다 그런 거라는데
아픔도 인생길 보물 찾기입니다.

딸아이

긴 세월이 흘러도
변할 수 없는 보고픔
떨어져 있는 시간만큼
쌓이는 못다 한 아픔들
보고 싶은데 보고 싶은데
다가설 수없이 깊어가는 상처
미안하다고 사랑한다고
말 못 하는 가슴이 아파온다

시간은 흐르고 흘러도
씻을 수없는 아름다운 그림자
세월 지날수록 빛나는 옹이
강물은 말없이 길을 나서고
잘 되기만을 빌고 비는
아비는 오늘도 긴 한숨뿐
끊을 수없는 행복한 인연
낙엽은 떨어지고 바람은 차다.

미운 사랑

세월 지나도 잊지 못하는 뜨거운 눈물입니다
긴 시간 속에도 떠오르는 미운 사랑
잊을 수없는 아물어지지 않는 깊은 옹이
늙어 갈수록 불현듯 떠오르는 예쁜 얼굴
아쉬움의 탑은 뼈 속 깊이 자리를 잡아
바람 뒤척일 때마다 뜨겁게 익는 상처입니다
잘난 자식 가슴에 묻는 것은 전생 무슨 죄인지요

각인되어 남겨진 숨소리 바람 되어 찾아들고
전생에 못 갚은 빚 좋은 인연 기약하며
눈물일랑 넓은 밤하늘에 날려 버리고
못다 한 사랑 향기 나는 꽃으로
행복 다지며 살아야겠지요
개구리 구슬피 울고 꽃은 피었는데
차가운 날씨에 나비 한 마리 훨훨 날아갑니다.

딸녀석

오 형제로 태어나 살다 보니
딸아이한데도 이놈아, 야 이 녀석아
습관적인 내 말에 소리치며 경기하던 애 엄마
난 왜 그러는지 몰랐기에 자주 말다툼
설명해 주었더라면 좋았을걸.
딸이랑 헤어진 기간이 길어져도
보고픈 마음 변함없는 천륜
돌아보면 별일도 아니고
용서 못 할 일도 없는데
못해준 일만 생각납니다

한번 엇갈린 인연 미안하고
앞 만보고 열심 살자고 했는데
끝까지 못해 가슴 뛰는구나
어려웠던 시절 그 애틋함
백일, 돌 변변한 사진 한 장 없고
나이 먹으니 아픈 곳 생기고
효자손을 달고 지내지만

각인된 추억은 현재 상영 중
가끔 추억일랑 가슴에 담고
건강하고 바람에 소식 묻는다.

큰형수님

아름다웠던 추억은 가슴에 담고
지나간 시간은 마음에 담으며
가족이라는 이유로 행복해야 합니다

뜨거웠던 시간 잡을 수 없지만
익어가는 만큼 사랑도 가득하지요
항상 부족한 마음이지만 감사합니다

남자라는 이유로 표현 부족하지만
건강하시어야 하는데 먼 곳에서 걱정합니다
수고하셨습니다 세월 갈수록 사랑합시다

꽃보다 아름다운 박씨네 여인들
소중한 것은 오늘, 함께라는 인연의 길
그대는 큰 바다 위 빛나는 별입니다.

상주 형님 부부 김경식

오며 가며 바람으로 맺은 인연인데
누구보다 걱정하고 안부를 챙기시는
사는 게 뭐 있냐며 건강 걱정하시고
힘들면 언제던 오라시는 말씀
힘겨운 농사에 구릿빛 미소
한 잔 술에 얼큰하면 보고픈 얼굴
웃으시는 멋진 모습은 내 영혼의 나침반

정에 약하고 마음 고우신 형님 부부
감사합니다 사랑합니다 행복하세요.

아멘 할렐루야 이금환 목사

마음이 아플 때부터 목사 친구가
새벽이면 성경 구절을 배달합니다
나 한데만 보내는 것은 아니지만
하루도 빠지지 않는 정성에
행여 놓치지는 않을까 카톡 소리도
'아멘'으로 했지요

해가 바뀌어도 새벽이면 아멘
더러 긴 내용은 보는 둥 마는 둥
형식적인 답장으로 살아있음을 알리고
세월의 약을 먹고 아픔도 성숙해지고
바쁜 일상에 감사보다는 미안함에
그만 보내도 좋겠다 싶은데

오늘도 새벽이면 아멘
고마운 친구여 사랑합니다, 할렐루야

형님 양상구 시인

책으로 맺은 인연 믿음으로 쌓이니
초저녁 술자리 아침 해장술까지
만리장성도 넘나들던 걸음들
달리고 달려도 흐트러짐 없는 선비 모습
궂은 일 달려와 걱정하고 살펴주시는
어려운 세상길 보기 드문 올바른 심성
몇 걸음 앞서서 길 찾아주시니
떨어진 거리는 멀어도 마음은 하나
벌써 칠십이라는 아쉬운 숫자
소풍 가는 길 순서는 없다 하니
건강하시고 팔팔하게 시인으로
신호등 되시어 불 밝혀 주십시오
저녁이면 흥에 겨운 형님 목소리 그립습니다.

김순진 시인

어설픈 글에 시의 길을 알려주신 김 시인
마주칠 때마다 반가워하시는 덕담에
파전에 막걸리 마시던 인연은 천심
타고난 재능 하루가 다르게 빛나고
마주친 시간 돌아보니 오랜 세월이군요
해가 바뀌어도 빛이 나는 자연스러운 모습
몇 해 전 아프시다는 소식에 응원 보냈지요
건강하게 웃는 모습 다시 봐도 반갑더이다
어디를 가도 사랑받을 천상의 시인입니다

장근수 시인

시인으로 출발선에서 손잡았던
초심을 어찌 잊겠습니까
꽃은 피고 지고 바람은 불고
얻은 것 없는 빈손 같은데
든든한 장시인 계시었군요

깊은 인연으로 꽃향기 나고
말 없어도 교감이 되는 시향
버려진 철길 옆 군불 때며 기다리는
해지는 저녁이면 생각나는 한 사람
시로 밥 지어 탁주 한잔하고 싶습니다

감사합니다. 사랑합니다. 고맙습니다.

친구 김형근 시인

잘 나게 태어나 잘 살 것이지
재주도 있고 실력도 있는 놈이
화를 못 다스려 차버린 뒤웅박 신세
넓은 바다에 가고자 했던 것이야

차려주는 밥 먹다 혼자 먹으니 맛있더냐
살아보니 아픔, 사연 없는 사람 없더라
행복은 내 손에 있는데 눈은 멀리 보니
꼭 잡아도 빈손, 알면서도 오늘도 산다

막걸리 한 병이면 하루가 즐겁고
돈보다 사람이 그리워지는 나이
산다는 게 다 그런 것 아프지 말고
소풍 끝나는 날까지 건강하게 살자.

친구 최영준

참 오랜 된 인연이지
몇 년 연락 없이 지내다 가도
연락 오면 반가운 것은
어릴 적 순수의 각인 때문일 거야
마음은 그 시절인데 우리 노인이래
살아온 길은 다르지만 우리는 하나
풀피리 불던 추억은 영혼의 밥줄
사는 날까지 웃고 건강하자
꽃은 지고 강물은 흐르고 바람은 분다
영준아 빠른 회복으로
건강한 모습 보고 싶구나
우리 함께 늙어가자 사랑한다.

친구 한창렬

항상 웃으며 남을 배려하고 이해하던
궂은 일은 나서서 뛰어다니던 친구
몇 년 전 사고로 목뼈를 크게 다치고
병원 생활, 긴 재활 시간 처절한 고통
전동 휠체어가 교통수단이 되었지만
웃음은 변함없이 안부를 묻는 우정
장애인 혜택이 많다는 웃음 섞인 너스레
숟가락도 겨우 드는 바라보는 안쓰러움
함께라는 이유로 맑아지는 영혼입니다

그럼에도 걱정부터 하는 고마운 친구
소중한 인연에 감사하며
함께하는 축복된 인연이고 싶다
창렬아 사랑한다.

후배 송영태

순박하고 어질고 착한 마음
가난과 같이 물려받은 역마살
풀릴 듯 풀리지 않고 넘어선 오십 고개
사랑도 비껴가는 인생 화살길
손재주도 알아보는 눈이 없고
자축하며 지내온 힘겨운 하루
잡으면 풀어지는 외줄인생
이제라도 따스한 보금자리 만나
웃음 나누는 인연이었으면 좋겠다
건강하고 웃으며 활기찬 나날 보내며
함께하는 행복이었으면 좋겠다
화이팅 사랑한다 아우야

박천서 제4시집

작은 들꽃의 행복

초판 발행일 2025년 9월 1일

지은이 박천서

펴낸이 양상구
디자인 김초롱
펴낸곳 도서출판 채운재
주소   우) 01314 서울시 도봉구 시루봉로 15라길 38-39 301호
전화   02-704-3301
팩스   02-2268-3910
H·P   010-5466-3911
E-mai ysg8527@naver.com

정가 12,000원
ISBN 979-11-92109-89-3(03810)

@ 박천서 2025

* 이 책은 저작권법에 따라 보호받는 저작물이므로 무단전재와 무단 복제를 금지하며 이 책의 내용 전부 또는 일부를 이용하려면 반드시 저작권자와 도서출판 채운재의 동의를 받아야 합니다
* 파손 및 잘못된 책은 구입처에서 교환해 드립니다